JN409264

자연의 울음소리

夕泉 은희태 시집

도서출판 채운재

| 시인의 말 |

내장문학의 불꽃

농어 산촌 길 자연의 숨소리
마을 둘레 길 상생의 노랫소리

생물과 숲과 바람과 태양이 어우러져
녹색환경에서 녹색사회 이루어
녹색주의 움 틔우는 발원지
이제는 저탄소 녹색성장의 시대다.

피톤치드 품어내는 녹색향기 자연의 숨소리
지구의 생명 희망을 전하는 녹향 길
이 나라 생태건강 상생의 길
푸른 땅은 나의 어머니이며 생태계 먹이사슬이다.
서로 품어주는 풍요로운 삶 수놓는 농촌풍속도
친환경 녹색성장의 녹비 액비마냥
문향으로 신문고 울려 녹색혁명의 불을 지피자
셈골의 "내장 문학"

녹향 피우는 고향 문향의 불꽃
삼향三香이 꽃피우는 생태문학生態文學은
녹향문(綠香 鄕香 文香)이다.

[내장문학] 동인지 28집(2010) "내장문학의 불꽃" 권두시卷頭詩에서 문향文香으로 생태문학生態文學 이루자고 호소했다. 그리고 한국영농신문사 주최 제6회 한국농촌문학상 시상식 축사에서 저는 농촌의 급격한 변화, 세계화 고령화가 다가와 최악의 위기다. 그러나 농촌은 단순한 먹거리의 생산지가 아니다, 이제 몸과 마음을 닦는 수련장이며 우리전통의 뿌리이며 마음의 고향이다.

저탄소녹색혁명 지역특성에 따른 테마 공원화, 자연을 이용한 바이오에너지, 유기농법에 따른 특성화 등 찾아오는 문화공간으로 위기를 기회로 삼아야 한다. 330년의 식민지 통치로부터 호제리잘 책 두 권으로 필립핀의 역사를 바꾼 것처럼 문인이 앞장서 견인차역할을 하며 희망의 농촌, 돌아오는 농촌, 농자천하지대본야 農者天下之大本也의 깃발을 휘날리는 작가가 되자고 말했다.

나는 시로 압축한 농촌풍속도農村風俗圖를 그리며 내일의 아름다운 생태문학의 꿈을 가꾸고 꽃피우고 싶어 오늘도 웃고 있다.

'늦가을 마음속 단풍 그림' 시집 낸지 사년, 다음 시집 보고 싶다고 늘 재촉한 문우 여천 송동균님 작품을 보시고 좋은 말씀 해주신 서울대 명예교수이시며 한국농촌문학상 심사를 함께 하신 심사위원장 구인환 박사님. 한국농촌문학을 꽃피우는 한국영농신문 이희석 사장님, 책을 펴내는데 정성을 다 해주신 현대문학사조 양상구 사장님께 감사한 마음 드리며 농촌풍속도를 수 놓고 싶어 이 시집을 낸다.

2011년 여름

夕泉 農村文學舍에서 은희태 손 모음

| 차례 |

시인의 말 · 5

제1부 | 자연의 울음소리

자연의 울음소리 · 8
추억 속의 시골 · 9
샘물 · 10
농심農心 · 11
가을걷이秋收 · 12
빈 집 · 13
재봉틀 소리 · 14
허리야 다리야 · 15
개 우는 소리 · 16
울음소리 · 17
단풍미인 쌀 · 18
보리수 · 19
능수버들 · 20
눌제訥堤 · 21
참새들의 울음소리 · 22
야생초 수난 · 24

제2부 | 자연의 숨소리

녹색향기 품어내는 자연의 숨소리 · 28
설 날 · 29
새 농촌 · 30
농촌愛 살으리 · 31
꿈을 가꾸는 삶 · 32
택배 · 33
꿈을 이루는 세상 · 34
영농인의 기수旗手 · 35
돌아온 제비(1) · 36
돌아온 제비(2) · 38
돌아온 제비(3) · 40
추억의 밤 풍경 · 41
노로 귀향길老路歸鄕 · 42
식물의 귀화 · 43
친환경 유기농 · 44
사랑방 · 45

제3부 | 내 고향의봄

내 고향의 봄 · 48
눈 오는 날 · 49
봄비 소리 · 50
봄이 오는 소리 · 51
도라지道羅至 · 52
눈꽃 그림雪畵 · 53
꽃과 열매 · 54
꽃보다 아름다운 씨알 열매꽃 · 55
백년초 인생 · 56
우리집 비들기 · 57
추억의 찐빵 만두빵 · 58
기적소리汽笛 · 59
술 박물관 · 60
스승의 날 · 62
유유상종類類相從 · 64
셈골의 신문고申聞鼓 · 65

제4부 | 행복의 셈

행복의 셈 · 68
웃음꽃 당신 · 69
부부의 찬가讚歌 · 70
나만의 향기 · 71
나눔의 향기 · 72
거울과 나 · 73
선악善惡 · 74
바보 · 75
둥근 사랑 · 76
돈공송豚公頌 · 77
울고 웃는 길 · 78
청개구리의 울음 · 79
소나무 · 80
산행山行 · 82
오색단풍 · 83
사랑의 꽃다발 · 84

제5부 | 광개토대왕 함

광개토대왕 함 · 86
바다의 땅 통영 · 88
진도珍島 · 89
보문사 가는 길普文寺 · 90
채석강의 파도 · 91
칠선계곡七仙溪谷 · 92
미륵암彌勒庵 · 93
인각사麟角寺 · 94
화계장터 · 95
도교 풍경 · 96
참당암懺堂庵 · 97
뿌리공원 · 98
의암사義巖祠 · 99
남해 금산 보리암南海錦山菩提庵 · 100
황금 복돼지 해 · 101

제6부 | 금메달의 눈물

금메달의 눈물 · 104
김연아 꽃 · 105
하면 할수록 배고프다 · 106
눈물의 다완(茶盌 · 차 사발) · 108
희망 전도사 · 110
동심童心 · 111
명성황후明成皇后 · 112
큰 별의 선종善終 · 113
극락왕생極樂往生 · 114
–삼가 고인의 명복을 빌며 영전에
왕자 태실 · 116
일백 번 꽃이 피네 · 117
새해 토끼 · 118
만다라曼陀羅 · 119
뒷간 · 칙간廁間 · 120
내장산 단풍길 · 122
내 나이 사랑 · 124

| 평 설 |

자연의 울음소리와 농촌풍속도 · 128

제 1 부

자연의 울음소리

자연의 울음소리
추억 속의 시골
샘물
농심農心
가을걷이秋收
빈 집
재봉틀 소리
허리야 다리야
개 우는 소리
울음소리
단풍미인 쌀
보리수
능수버들
눌제訥堤
참새들의 울음소리
야생초 수난

자연의 울음소리

먼동이 트면 새가 운다
일어나 모이 달라고(1)

들 고양이 울고 있다
이제 잡을 쥐도 없고 배고프다고

허수아비 세우고 줄 당기며
새 쫓는 우여~소리 역사 속으로
초가집 둥지 잃은 노숙자 참새들
짹짹 밤이 두려워 울고 운다.

녹향 그리운 생태계 울음소리
자연의 울음소리

註;(1)새들의 먹이 곡물, 고양이는 사료를 주고 있음

추억 속의 시골

닭 우는 소리 개 짖는 소리
총각들 서당 끝나고 사랑방에 모여
오늘 밤 닭살이 하잔다.[(1)]

강골떡 태인떡 고부양반
당산나무 그늘 평상에 앉아 부채질
내일 품앗이 모심기, 모래는 보리 베기 날 잡고
등잔불 키고 춘향전 읽는 어머님 목소리
마당엔 모깃불(모닥불)피우고
방엔 모기장 치시는 어머님

꿈처럼 느껴지는 여름밤 별들은 변함이 없건만
서 있는 자리가 너무 변했다.
사립문도 간데없고 문 없는 개방된 울안
이젠 책 읽는 목소리 성독대회에서 듣고
부채나 모기장도 멀어져가고 있다.

여름밤의 별, 창 넘어 바라보며
별똥에 놀라는 여름밤, 닭 우는 소리가 그립다.

註; (1)모르게 닭 잡아먹는 전통풍습

샘물

어린 시절 우리 마을엔
공동우물이 둘, 집 우물이 두 집
샘가 버드나무 그늘아래 빨래하는 여인들
웃음꽃 피우며 방망이 소리가 머물면
물동이이고 집에 가고 굴뚝엔 연기가 피어오른다.

이젠 상수도
수도꼭지 틀면 수돗물이 나오고
정수기다, 세탁기다, 생수다,
자연의 신비 암반수 찾으며 호들갑을 떤다.

우리 집엔
두룸박 샘, 작두 샘, 마을 지하수 급수, 정부 상수도
지하수는 화분과 텃밭에 물을 주고
비상시는 두룸박 샘
상수도 물은 주방용, 세탁기, 화장실,
식수는 오가피와 결명자 끓인 약수,
물의 역사 4대가 살아 숨 쉰다.

농심農心

소 타고 피리 불던 소년
퇴비 쌓고 개똥 줍고
메뚜기 새들이 벌레 잡고
생태계와 상생, 먹으려고 짓는 농사

이젠 화공 농법
비료 농약 제초제가 농사지으며
메뚜기 개구리 제비도 간데없고
환경은 접고 돈 버는 농사

농심은 인심 인심은 천심
친환경 유기농법 기능성 최고 부랜드
'農者天下之大本也' 라.

가을걷이秋收

새 쫓는 우여 소리도
낫을 든 농부도 허수아비도
이젠 만날 수 없다

황금 뜰 벼 베는 기계 소리
점심은 식당에서
막걸리는 간데없고 멕주에 치킨이 오고 가고
땟거리 커피가 배달되면 주인은 웃고 있다.
가마니나 덕석은 옛말, 포에 담아 추럭으로
건조기에서 마르면 도정공장
농촌은 먹거리 생산공장

농악 소리에 풍년가 부르던 민속 전통문화
찾아오는 농촌 녹색혁명 이루었으면...

빈 집

들고양이 들쥐 찾아 헤매면
새들 놀라 나른다.

농촌의 빈집
마음 아픈 흉가
이 집 저 집 하이얀 머리
노부부 산에 가면 빈집
아이 울음소리 멀어지니
학교도 빈집

귀향, 귀농, 농촌 부흥길
박빈향 불어올까?

재봉틀 소리

달그락 달그락 재봉틀 (손틀)소리
농사일 품앗이, 싹 바느질 소리
옷 만드는 어머님 땀방울 소리.

실에 침 발라 고개 숙여 바늘귀 찾는 어머님
깊은 밤 닭 우는 소리에 밝은 미소 지으며
꿈을 찾는 어머님
나의 학비 마련의 기쁨
늘 바쁘게 돌아가는 재봉틀 소리
내 가슴 울리는 사랑의 노래였다.

명품 옷 고르고 수선소, 세탁소 찾는
이젠 메이커 부랜드 시대
어머님 재봉틀[(1)]을 바라보며
오랜 추억 속의 재봉틀 소리
사랑의 노래 아름다운 애가

註;(1)손틀(싱가-득남기념으로 선친이 돌날 (1932) 구매)

허리야 다리야

쑤시고 애리고
젊어서 일만 알고 살아온 노인들
아이고 허리야 다리야 절룩이며 걸어간다.

동물의 생로병사生老病死 함께하지만
생태계의 왕자로 두 발로 걸으며 뽐내
네발이나 날개 없는 불균형으로 이룬 무리수
짐승은 없고 오직 사람만이 퇴행성관절염

펭킹처럼 아니 천사처럼 날개가 있다면
관절염, 교통사고 환경오염 없으련만
조물주의 실수인가 인간의 잘못일까?

사람아 짐승 앞에 뽐내지 말라

개 우는 소리

"개 파세요, 개장사가 왔어요."
개장사 차의 마이크 소리
아니 지나가는 마이크 소리만 나면
어윽 ~ 어웅 ~ 어윽 ~ 어웅~ 그리고 눈물이
듣기 싫어, 안 팔아, 큰소리치지만
마이크 울린 후 끌고 나간 가족들 울음소리
추억의 슬픈 통곡인가 공포의 울음인가

주인 따라다닌 의견義犬은 옛말이고
집 지키는 수호신 아닌 목에 줄을 맨 초인종
좁은 철망 속 사육하는 식용 가축견
옷 입혀 키우는 도시인 애완견도 있지만
방견放犬은 경범죄 벌금 칠만 원

반기며 꼬리 흔들며 어린양 부리는 노랭이(1)
동물의 왕국은 언제 오는가?

註; (1) 노랭이 70년대 키우던 개로 출퇴근 마중 나와 기다리는 애견

울음소리

국경 없는 철새들 AI 오염
샘골 닭, 오리 수난시대

눈을 뜬 채 집단 매몰
백만 수 살 처분
병아리들의 울음소리
사육 농가의 울음소리

모두 가슴을 울리는 소리
잃어버린 사람들 하늘만 쳐다보네.

註; AI-조류 인플루엔자

단풍미인 쌀

도작문화의 발생지
백제 고사부리군 서부면 눌제

농민은 흙의 마음 읽으며
자연 순환 농업의 활성화로
환경친화적 유기농법
벼 심고 농심農心부어
아침이슬 마시고 봄, 여름 자라더니
가을 햇살에 벼 익는 소리
톡 독 톡 벼 등 터지는 소리
농사꾼 웃는 소리

눌제에 모여든 농민의 함성.
단풍미인 쌀 !
단풍미인 쌀 !

보리수

유월 싱그러운 초여름
식후 마루에 앉아 보리수 열매 보노라면
주렁주렁 빨갛게 열려 햇살에 반짝이며 나를 오라 한다.

나는 커피 대신 말랑말랑한 열매 얌 냠 하면
새콤달콤 입을 제법 즐겁게 한다.
입소문엔 '보리수열매 서 말은 삼십 년 묵은 천식도 낫는다' 나

앵두 따고 매실 따고 복분자 따면 오디가 기다리며
오디 따고 보리수 따면 구기자가 어서 오라 난리고[(1)]
오가피는 꽃피우고 가을이면 만나잔다.

복분자주, 매실주, 앵두주, 오디주, 보리수주, 구기자주, 가을엔 오가피주,
가양주 담고 엑기스 담아 건강 천혜의 보약 발효 백일 기다린다.

註;(1)앵두 1주 매실 5주 복분자 100주 오디 5주 보리수 1주 구기자 5주 오가피 30주 집 울안 터

능수버들

우물가 능수버들
치렁치렁 가지를 내려

버들피리 불며 부끄러워 얼굴 가리고
유태가인柳態佳人의 품에 있노라면
봄바람은 휘 휘날리는 머리카락처럼
나를 간지럽히던 옛 추억

평생 가지 뻗어 올리지 않는 수줍음
나부끼는 버드나무 같은 마음

부드러운 힘으로
파아란 새순이 마음을 출렁인다

눌제訥堤

눌제정訥堤亭 올라서니
황금들 물결치는 지평선
옛 선인先人 농가農歌소리
고사부리古沙夫里 두승산가斗升山歌

삼호三湖가 있으니 호남湖南이라(1)
제방의 효시嚆矢이며 도작문화 발상지稻作文化發祥地
흉년이 없으니 국세 과반國勢過半 호남에서
풍년가 부르든 눌제둑 천이백보千二百步
호남~서해안 고속도로 연결 사차선
옛 님 모를세라 무심히 달려간다.

어릴 적 엎드려 게 잡던 고부천古阜川
눌제 폐제廢堤이후 게선자 받치던 게보
이제는 흥덕제興德堤 몽리구역 논벰이
세수문三水門 흔적 없고 게보관문 물 흐르니
눌제 명품 단풍미인 쌀 풍년가 부르네.

註 ; (1)고부 눌제訥堤 김제 벽골제碧骨堤 익산 황등제黃登堤

참새들의 울음소리

우여– 우여~우여~
새 쫓는 우여 소리
농촌 아이들의 애처로운 노래

아침저녁이면 떼지어 몰려들고
여물기 전 하얗게 망친 벼 이삭
그러나 벌레잡이 왕이니 익조益鳥(?)
섣달엔 납일臘日 새 잡는 날.
아이들 먹이면 마마를 곱게 한다는 민속
새총, 새망, 덫을 놓아 잡은 참새구이
기우는 막걸릿잔에 풍미한 술안주

짹~짹~ 짹짹, 지저귀는 소리
새 중의 새, 참(眞)의 새, 참새
자기 태어난 보금자리 맴도는 텃새
초가집 처마 밑 뚫어 보금자리 이루고
누가 보나 양다리 모아 총총 뛰며 사랑, 사랑
봄이면 새끼 깨어 먹이 달라 짹~짹~
그림 속 참새는 '장수의 기쁨 누리길 기원' 하는 새

이젠 우여 소리도 참새구이도 옛 추억일 뿐
콘크리트 양옥집, 기와집 숲 속의 노숙자 신세
농약, 중금속에 쫓기는 불행한 수난시대(1)
초가삼간 옛 고향이 그리워 호소하며 울어댄다.

註;(1) 봄 5-7개 산란, 12-14일 만에 깨고 태어남. 수명 10년 내외 산다.
2002년 조사; 20년 전에 비해 3분의 1로 감소. 2009년 20분의 1 예감

야생초 수난

산에 사라진 할미꽃
꽃집에서 보고 반가워 사서 화단에 심었다.

봄이면 지천至賤이던 쑥도 귀하고
토종 하얀 민들레도 찾기 어렵다.

한길 쑥은 중금속 환경오염
논두렁은 독한 제초제 농약
양지 언덕이나 길가엔 노란 민들레
서구에서 이민 온 민들레 세상
이제 다문화가정 이루고 짬뽕꽃.
일 년 네네 핀단다.

고사부리성古沙夫里城 가는 길
나는 신토불이 하얀 민들레 보고
이산가족 만나 듯 반기며
한 뿌리 울안에 옮겨 심었다.

약성이 탁월하고 질긴 생명력
민초民草이며 약초라 구전신화 입소문
낮이 긴 봄에만 꽃이 피고
솜사탕 같은 둥근 꽃씨가 바람이 흔들면
홀씨가 두둥실 떠 춤추며 담 넘어간다.

이제 쑥을 텃밭에 심고
하얀 민들레도 키우며 지키고 싶다.

제2부

자연의 숨소리

녹색향기 품어내는 자연의 숨소리

설 날

새 농촌

농촌愛 살으리

꿈을 가꾸는 삶

택배

꿈을 이루는 세상

영농인의 기수旗手

돌아온 제비(1)

돌아온 제비(2)

돌아온 제비(3)

추억의 밤 풍경

노로 귀향길老路歸鄕

식물의 귀화

친환경 유기농

사랑방

녹색향기 품어내는 자연의 숨소리

농촌의 들길
개구리 우는 소리
숲 속 등산길
물소리 새소리
녹색 향기에 취해 오감을 흔들고
행복이 몰려와 나의 가슴에 안긴다.

흙과 물, 바람으로 빚어
따스한 햇살로 움트는 자연의 숨소리
숲 속 사는 생물들 그리고 하늘을 나는 새
자연은 생명을 잉태하는 발원지
삶의 숨결
건강의 숨결
사랑의 숨결
녹색향기 품어내는 자연의 숨소리

나는 풍요롭고 청량한 기운을 품어
내일의 푸른 꿈을 충전한다.

설날

선달 그믐날 밤 잠자면 눈썹 희어진다고
밤새 장만하며 날이 새면
"복조리사요"
복조리 한 짐 메고 마을 골목 누비며 외치는 소리

새 옷 갈아입고 차례 지내고
세배 "할아버지 할머니 세 해 복 많이 받으세요"
세뱃돈 받고 할아버지 덕담에 웃음꽃
떡국으로 마련한 세찬歲饌 먹고
친인척 그리고 마을 어른 찾아 세배
세주歲酒 마시며 어른들은 윷놀이
아이들은 널뛰기, 연날리기 민속놀이
이젠 역사 속의 전통문화

아들 찾아가는 상행열차
부모 찾아오는 하행열차
영상映像으로 차례 지내고 세배받고
손자들 계좌에 세뱃돈 자동이체
이제 새 시대 흐름의 명절 풍속도

조상숭배의 효 사상, 공동체의 결속문화
설빔歲粧 해 지킴, 차례와 세배.
무궁화 꽃은 언제나 피었으면

새 농촌

해, 물, 바람, 자연을 이용한 바이오 에너지
가축 배설물 톱밥 발효한 유기질비료.
토양 미생물 배양 지렁이가 옥토 이루며 항균[(1)]
아기 우렁 뿌리고 오리가 김 매는 기능성 친환경 농촌

신재생 에너지 신기능 농업
바이오 에너지로 지구 온난화 방지
고유가高油價 온실가스 감축 지열 펌프 하우스,
폐기물 화력, 태양열, 태양광, 풍력발전.
산골은 수력, 해변은 조력潮力 풍력風力
농작물 저비용 냉난방 시스템

두뇌 발달 기능성 쌀
산모와 태아 위한 현미 햅쌀.
환경오염 없는 친환경농촌
녹색향기 품어내는 내 나라 먹거리.

철새 찾아오는 눌제訥堤들
황금들 이루는 새 농촌 이루리.

註 ; (1)탄저병. 역병. 도열병 등 탁월한 효과.

농촌愛 살으리

반전하는 농 · 어 · 산촌
쌀보다 보리 값이 높고 먼 이역에서 온 고기값이 싸다
논보다 밭이 밭보다 산이 비싼 사회(1)

도시는 금처럼 시골은 똥처럼
매일 오르고 내리는 땅값 집값
아이 우는소리 없는 농촌
'반전하는 사회' 꿈은 오리라.
친환경 자연 순환 농촌
'살기 위해 도시 가고 건강 위해 농촌 가자'

농촌愛 살으리
농촌 추는 사람 多 행복하다.

註; (1)임대료 1년-논 120평 90만 원 밭은 120만 원 산 100평 300만 원(철탑)흙 팔면 돈

꿈을 가꾸는 삶

어려움을 기회 삼아 절망의 늪을 뚫는
농업 선진화 꿈
농자천하지대본야農者天下之大本也제

자연 여건 살려 첨단기술 활용 고품질 고가농산품 생산
찾아오는 관광농업 체험학습 기쁨 주고
한국 농업의 르네상스 이룬 농업 선진국
세계를 누비는 얼쑤 우리 농촌 이루리.

비구름 가려 있는 햇살 이제 가버리고
웃음꽃 피는 돌아오는 농촌

독창적 가치 창출 개발, 거북선농업을 하자(1)
농업은 생명산업 첨단유기농법 천석군운동千石君運動을하자(2)

기치旗幟를 높이든 신세대 농군들
국경 없는 자유무역시장 온 누리 물결치고
꿈을 가꾸는 삶, 농촌에 꽃을 피우리

註;(1)거북선농업 (사)한국신지식농업인회장 정운천
(2)정태진 벼직파연구회장 천석군운동
벼농사 20ha 과수 3ha 한우 300두 양돈 2000마리(연봉 1억 6000)

택배

택배요
막내딸 추석 선물 왔나 보다
꼬부랑 할머니 허리를 펴고 웃는다

아들 딸 다섯 남매 모두 대전 그리고 서울
여름 복분자즙 짜 택배 부르고
가을엔 양파즙 호박즙 오가피즙
텃밭 무 배추 가꾸어 김장
금년이 마지막이야 엄만 늘 하는 말이다
엄마 손맛이 최고
아들놈 꼭 안고 하는 말에
강골떡은 웃고 피로가 녹아내린다.

우리 고장에 건강원이 네 곳
겨울엔 칡즙 붕어즙 사철 바쁜 일손
건강식품 보내는 시골 택배문화

꿈을 이루는 세상

지금은 녹색성장 시대
오염기술은 청정기술로
단추를 풀면 꿈이 열린다

정보기술(IT)바이오기술(BT)나노기술(NT)
IT. BT가 융합 카세트테이프로 음악을 들으며
CD에 이어 DVD 이제 칩에 저장
200년 분량의 신문, 영화 20편, MP3 파일 8,000곡

바이오 에너지로 자연 순환농업
세계는 지금 융합기술 전쟁
초 첨단기술 로봇 맞춤의학 탄생
수술도 국방 의무도 로봇 탄생

불가능의 세계, 신화가 꿈이 이루어지는 시대

삶의 질이 달라지는 3T
오늘의 희망이고 우리의 미래다.
녹색혁명은 이루어지는가?

영농인의 기수旗手

농촌사랑
자연사랑
정의 실현 열일곱 돌

영농의 선진화 깃발 높이 들고
희망 찾아 사랑으로 풀어주는 기수
농農 · 축畜 · 임林 · 수산水産 · 식품食品
영농인의 비전과 꿈을 안아주는 신문

농심農心 풍요롭게 하는 자연 속으로
귀농 귀촌 찾아가는 나팔소리
푸른 꿈 가꾸어 꽃피우리라

영농인의 기수 !
한국영농신문

* 축시祝詩 –한국 영농신문 창간 17주년

돌아온 제비(1)

팔 년 만에 돌아온 제비
강남 갔던 제비가 삼월 삼짇날
봄을 안고 한 쌍이 돌아왔다.

흰나비 먼저 보면 상복 입는다고
눈 가리던 추억의 세시풍속
흥부와 놀부의 전래동화 착한 이야기
진흙을 물고 화살처럼 쏟아져 내려
옛집을 수리하며 전깃줄에 앉아
지지고 보꾸며 사랑을 속삭인다.

곤충만 잡아먹는 제비
화공농법에 먹거리 없는 이 땅 오지 못하고
이제 생태계가 살아 돌아온 제비
알 낳아 품어 다섯 마리 탄생
노란 주둥이 벌리고 모이 달라는 아우성
암수 짝꿍이 부지런히 먹이 사냥
두 늙은이 사는 집 7가족 늘었노라
아내는 행복해 늘 반긴다.

옛 어머님 말씀
제비가 낮게 날면 비가 온단다.[1]

註 ; (1) 습기 때문에 몸이 무거워진 곤충을 잡아먹기 위해 제비가 낮게 날기 때문

돌아온 제비(2)

기다리던 제비가 하늘을 맴돌며
인사하듯 첨아 밑 옛집을 찾는다

옛날엔 헌 집 마다하고
진흙으로 만드는 새 둥지
못자리 진흙에 볏짚 한 올 버물어
침과 섞어 수직 벽에 붙도록 짓는 목수
언제나 새집 짓고 살던 제비
작년엔 8년 만에 와서 집수리하고
새끼 까 무게를 이기지 못해 마루에 떨어져
양판에 주워담아 못질해 아쉽게 복구했다.

이젠 진흙 마련 못자리판이 없다
올해 온 제비도 집수리로 보금자리
나는 제비집 밑에 판자 받침대 마련
첫배 다섯 마리 키워 날라 보내고
두 배차 노란 주둥이 내밀며 짹짹

우리의 전래동화 '흥부와 놀부전'
오스카 와일드의 동화 '행복한 왕자'
인간에 친숙한 문학 속의 제비
착한 흥부, 왕자를 돕는 이야기

곤충만 잡아먹는 여름 철새
상생을 모르는 살충제
변천하는 농법
처마 없는 양옥 건축
헌 집 찾지 못한 제비들
참새처럼 노숙자 신세라네

돌아온 제비(3)

죽음보다 강한 사랑[1]

숲 속을 개와 가는 길
무얼 보고 살금살금 개가 다가가니
제비가 번개처럼 날아와
이빨을 드러낸 개를 소리치며 덤벼들었다
숲 속 둥지엔 새끼들
생명을 걸고 자식들을 구하기 위해
죽음을 마다하지 않는 자식사랑
사랑의 본능에 감사하고
개를 부른 다음 그 자리를 떴다.

노숙자 된 제비
헌 둥지를 찾지 못한 제비
새집 지을 자재(모판)가 없어
숲 속에 둥지 마련한 수난의 이야기

제비는 사람이 드나드는 문지방 처마
보호를 바라는 철새
'농어 산촌 건축법제정'
제비집 지어주기 시민운동이라도 했으면...

註 ; Daum. 카페에서 이용, 보내온 이메일

추억의 밤 풍경

추억 속의 달맞이 풍경
아이들의 강강 수월래 손잡고 뛰노는
민속놀이

다듬이 소리
똑딱똑딱 고부간의 갈등을 풀어주는 소야곡

아기 우는 소리
자식사랑 품어주는 사랑의 노래

책 읽는 소리
선비의 길 심어주는 애국가

개 짖는 소리
새댁 고향 생각에 밤이 깊어지고
자정을 알리는 닭 우는 소리

노로 귀향길 老路歸鄕

노로 귀향길은
귀소본능歸巢本能 추억의 고향길
나를 잉태한 자연과 상생하는 행복의 길

향향鄕香녹향綠香 전원생활 건강 길
은퇴 후 추억 찾아 생체학습 수양 길

흙은 거짓이 없다
땀은 참다운 행복의 눈 저울
새 우는 소리에 일어나면 잠자리 멤 돌고
제비집엔 노랑 주둥이 벌리고 짹짹

개 짖는 소리에 반가운 손님맞이
고향 지킴이 노로老路

식물의 귀화

세계화 물결 타고 온
미국 쑥부쟁이 꽃
토종식물 괴롭히는 가시박 풀 넝쿨
미군 따라온 단풍잎 돼지풀
사료 따라 건너온 제주도 가시비름
하얀 민들레 꽃 보기 힘들고
노란 민들레 꽃은 누굴 따라왔을까.

미국에 건너가 귀화한 칙
혼혈 다문화 가족 식물들은
지금 환경저해 냉대의 귀화식물
자연은 상생전쟁을 선포

세계화 국제화 다문화 가족 사회에서
생태계는 울고 있다.

친환경 유기농

소 타고 피리 불던 소년
논두렁 밭두렁 풀 찾아 이랴 이랴
가을엔 풀 베어 퇴비 마련하고
골 망태 짊어지고 개똥 줍기
메뚜기, 새들이 벌래 잡고 우렁이, 오리 김 매고
생태와 환경이 상생, 먹으려고 짓는 농사

이젠 화공 농법
기계 소리, 비료와 농약과 제초제가 농사지어[(1)]
메뚜기와 개구리도 제비도 본 지 오래고
농가 소득증대 돈 버는 농사,
미래를 접고 이윤만 생각하는 기업농

변해야 산다
생태환경 유기농법으로 믿음의 건강식품
민족농업, 기능성 쌀 부랜드로 세계화[(2)]
먹거리 볼거리 찾아오는 농촌

농악 소리 울리는 전통문화 기치 높이 들고
'農者天下之大本也' 이루소서

註; (1)환경지속성지수(ESI) 세계 146개국 중 농약 4위 화학비료 9위
(2)단풍미인 쌀 싱가포르에 수출

사랑방

추억의 사랑방
안채에서 내려다보는 사랑채
정이 흐르는 선비의 만남의 장
또한 선친의 일상거실이었다.

책 읽는 소리
이야기소리
여봐라 부르든 할아버지 목소리
서당이 마을의 사랑방이었다.

대문 여는 소리 사랑방 기침 소리
옛 님은 추억 속으로 사라지고
이젠 여름은 모정 겨울엔 경로당
스피커의 부름 소리에 모이는 마을회관
노인들 만나 쉬어가는 마을 사랑방

출향인사 그리고 아들딸이 보내준
술잔에 취해 딸 자랑하는 웃음소리
이야기 소리

제3부

내 고향의 봄

내 고향의 봄

눈 오는 날

봄비 소리

봄이 오는 소리

도라지道羅至

눈꽃 그림雪畵

꽃과 열매

꽃보다 아름다운 씨알 열매 꽃

백년초 인생

우리 집 비둘기

추억의 찐빵 만두 빵

기적소리汽笛

술 박물관

스승의 날

유유상종類類相從

샘골의 신문고申聞鼓

내 고향의 봄

내 고향의 봄
진달래가 울긋불긋 반기고
들꽃 향기에 취해 웃음꽃
그림이 있고 시가 있고 노래가 있노라
봄바람 타고 내 귀에 속삭인다.

고향엔 할머니, 친구들 냄새
복숭아꽃 살구꽃 매화꽃...
향기 찾아 꽃동네 새동네鳥 골목길
냇가 수양버들 봄바람에 춤추고
돌담 넘어 봉선화가 옛이야기 들려준다.

추억의 내 고향
흙과 땀은 거짓 없는 참다운 눈 저울
자연사랑 더불어 사는 행복한 내 고향.

새로운 꿈을 안고 가는 기축년
우보만리牛步萬里 창작의 길에 영광 있으리라

註 ; 2009년 찾아가는 미술전 도록 서시(序詩)
나의 살던 고향은
환경 미술협회 정읍지부

눈 오는 날

찬바람과 구름이 어우러져
소곤소곤하는 소리
눈꽃 잉태孕胎하는 소리

첫 눈꽃이 한잎 두잎 내리니
추억 속 사랑 꽃 그리고
살포시 춤추며 품 안에 내리는 소리
치마끈 풀어내리는 소리

첫눈이 첫날밤 이야기처럼
가슴속에서 꿈틀거린다.

봄비 소리

풀잎 나뭇잎이 안아주는 소리
봄맞이 소곤소곤 이야기 소리
내린 물방울이 크고 구르면
옥수수가 춤을 추고 상추가 웃는다.

밑거름 듬뿍 뿌린 후 심은 복부자
아이 다루듯 묶어주고
풀 잡도리 하노라 살피니
고추가 벌써 풋고추 내밀고
가지가 오이가 자기 자랑 뽐낸다.

주인 발소리 듣고 자란다는 말처럼
사랑을 안아주는 발자국소리
내 웃음소리 기다리는 봄비 소리

봄이 오는 소리

새들의 노랫소리
봄바람이 흔들어 겨울잠 깨고
춤추는 녹향 품어내는 봄

봄바람은 봄비 안아 사뿐히
천사처럼 내려 싹 띄우는 단비
종다리 울음소리에 취해
추위 찡그린 주름살
웃음으로 펴주는 꽃 비

봄이 오는 소리
봄바람이 노래하는
꽃 비 단비 소리

도라지道羅至

여름이면 보름 해맑은 달빛으로
금방 터질 것 같은 꽃봉오리

아침 이슬방울이
터트려 열리는 이야기 소리
보랏빛 고깔 쓰고, 하얀 고깔 쓰고
종인 양, 초롱인 양 바람에 흔들이며

슬며시 보랏빛, 하얀빛이 내 가슴에 물이 든다.

오빠를 기다리고 기다리다 죽은 도라지 무덤에
처녀의 영혼이 깃든 전설의 도라지 꽃
꽃말처럼 영원한 사랑

道羅至(길도 비단라, 이를지)는 몸 받쳐
인생병고人生病苦 백약으로
심심산천의 백도라지 노래 부르게 한다.

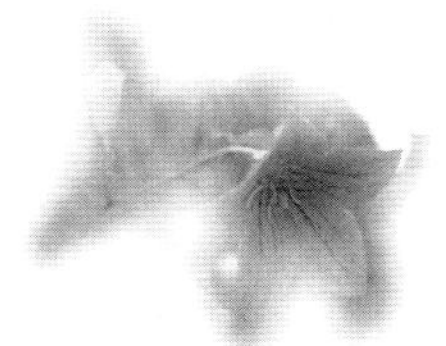

눈꽃 그림 雪畵

눈이 내린다.
온 밤 흰 꽃잎 내려
지나온 허물 감추고 흰 꽃 그림

잃어버린 추억의 이야기를 조각으로
하이얀 의상으로 단장하고
한해의 내 슬픔 덮은 설화 정경情景

눈꽃 그림에 취해
무자년戊子年 새해
아름다운 복주머니 꿈을 꾼다.

꽃과 열매

봄만 알리고 사라지는 개나리나 벚꽃보다
꽃은 모르지만 가을 하늘 수놓는 감나무
주렁주렁 열린 포도송이를 나는 사랑한다

과수원의 사과, 배, 귤
전원의 남천, 호랑가시나무
열매 맺어 자랑하는 나무들은
꽃보다 아름다운 풍경화
나 그리고 새들의 먹이사슬
보면 볼수록 웃음이 열리고
취하고 취해 침이 고여 넘어간다.

꽃은 벌과 나비를 유혹하지만
열매가 아름다운 식물들은 새나 짐승의 먹이로
씨를 멀리 옮기는 번식을 자랑한다.
꽃은 나를 기쁘게 하지만
열매는 기쁨도 주고 마음을 다스리며 힘을 준다

꽃보다 아름다운 씨알 열매 꽃

하이얀 눈 내리는 날
새들의 숨은 먹이사슬

들새 산새들의 뱃속을 거쳐
다시 땅으로 내려와
싹터 아기나무로 태어나는
성스럽고 아름다운 씨알 씨앗
자라며 피톤치드 녹 향 품어내며
파란색 빨간색 노란색 조롱조롱 열어
꽃보다 아름다운 씨알 열매 꽃

우리 집 열매 꽃 남천南天
삶을 나누는 자연과의 어울림
그림 같은 행복 바이러스 빨간 열매 꽃

백년초 인생

늙어야 완숙돼 꽃피는 선인장 백년초
곱게 늙는 나이테를 자랑한다.

늙을수록 자태가 새롭고 멋져
늙음은 새로운 세계 원숙한 삶을 펼치고
더 농익은 진품 명품임을 자랑한다.

사막도 따가운 햇살도 마다 않고
노년의 삶 경륜이 더 할수록
고귀한 창작품으로 거듭 태어나
곱게 더더욱 새로움이 움트는
아름다운 선인장 백년초
나는 선인장처럼 살고 싶다.

꽃피우며 향기 그윽한 99 88
멋지고 값지게 사는 인생 백년초.

우리 집 비둘기

눈 내리는 아침
방문을 열면
날갯짓하며 날아든 비둘기
모이 주는 나를 반기고
콩 쪼아 넘기며 ㅋ ㅋ

마을 하늘 맴돌고 온 쌍 쌍
정원 빨간 나무열매 찍으며
수놈이 날갯짓 ㅎ ㅎ
노랭이가 눈을 부릅뜨고 쳐다보고
흰 순이 보드니 꼬리 친다.

평화를 상징하는 새
생명을 나누는 자연과의 어울림
너는 생태계를 살리는 에너지
사랑을 낳아 날개를 편다.

추억의 찐빵 만두 빵

학생모 쓴 소년
하교 길 친구랑 손잡고
찐빵집 지나려면
무럭무럭 오르는 김에
오장 육보가 맴돌아 침이 마르고
호주머니 털어 빵 먹고 만두 먹고

반세기가 훨씬 지난 오늘
구 시장 골목에 맥을 이어
창 넘어 찐빵이 추억을 안아주지만
종규도 득표도 용탁이도
모두 산에 가버린 친구들
추억의 찐빵 만두 빵.

제과점 명가 찾아
케이크나 크림빵 우유식빵
분위기 찾아 호크로 먹는 학생들
발을 멈추고 추억 속에 웃고 있다.

기적소리汽笛

꽤 액– 덜거덩 덜거덕 쿵
칙칙폭폭 칙칙폭폭 덜컹~ 덜컹~
어둠을 해치고 철마는 달린다.

한푼 두푼 세푼 네푼
일팔구구 구일팔 일팔구구 구일팔(1)
추억과 낭만의 문향文香 뿌리는 기적소리
그리운 내 고향 발자국 소리
사랑의 기적소리

쉬 부웅~~
코레일과 함께하는 정겨운 고향길
기차 길, 저탄소 녹색성장의 지름길
황금들 달리는 기적소리 녹향綠香 풍기네.

註; (1)1899. 9. 18. 경인철도 개통

술 박물관

한국농촌문학회
술꾼들이 한옥마을 찾아
옛 전통 향수鄕愁에 취해 거닐다가
술 박물관.[1]

우리 술 체험학습장
한밭에서 온 시 낭송가
'날씨야 춥지 마라
아무리 추워도
내가 옷 사 입나
내가 술 사 먹지 '

'술의 나라' 수필집 낸 보헤미안 술꾼
술잔을 들고
'술과 내가 한몸인데
어찌 내가 너를
떠날 수 있겠는가 '?
주향酒香이 맴돌아 춤추고
주객酒客은 행복했다.

나는 며칠 후
내 손으로 빚은 나만의 술
가양주家釀酒 복분자(2)
택배로 보내,

즐거워하는 시인의 목소리 들으며
기쁨을 담아 문향文香 피운다.

註; (1) 전주 한옥마을에 있는 술 박물관
(2) 정읍문화원 주최 가양주 품평회 2007. 은상 2009. 금상 수상

스승의 날

벨 소리에 수화기를 들자
"나네 내일 찾아오지 마 병원에 있으니
어느 병원이세요, 걱정 마 다음 전화할게"
스승의 날이면 전주 경기전 앞에서 손을 마주 잡고
기뻐하시는 선생님 무슨 일인가?

살아계시는 은사님 오직 한 분,
반세기가 넘은 고창 '보리밭' 3학년 담님 선생님
2월 최명희 문학관 '문예연구' 모임 가는 길
점심을 같이하고 책을 주시며 숙제(?)를 주고
문인 모임에 함께 가고 싶으신 은사님

사회자는 80 넘은 제자가 90 넘은 은사님 모시고
왔노라 박수로 웃음꽃 피운 선생님
가뵙지 못하는 스승의 날
그러나 집엔 꽃이 피었습니다.

'선생님 은혜 감사합니다' 화분이 왔어요.
축하 전보요, 선물 택배가 왔어요,
전 국회의원, 교수, 장학사, 사장.

꿈을 이루어 별처럼 빛나라
자네들이 있어 나는 행복하다
손 모아 슬픔과 기쁨을 감추지 못하리.

유유상종類類相從

같은 동아리 이루고 끼리끼리
서로 오가며 웃고 끼리끼리 산다.

대나무는 대나무끼리
소나무는 소나무끼리
콩나물도
나무들의 삽목揷木도
혼자 우뚝 자라지 못하고 끼리끼리.

잠자리도 참새나 철새들도
중국, 러시아나 미국에서도
지구촌 어디에나 끼리끼리 산다.

그러나 우리는 왜 이산가족이 있을까?
네 탓인가 내 탓인가.

끼리끼리 사는 날 통일되는 날
유유상종의 날이 빨리 왔으면...

샘골의 신문고申聞鼓

여명黎明의 북소리 여섯 돌
시민이 참여하고 만드는 '정읍시사' 신문

가을 하늘 독수리처럼 높이 떠
정읍의 시사時事희망 그리고
지역발전의 견인차牽引車 되어
아름다운 정읍시민의 발자국 수놓으며
꿈을 가꾸는 선도자先導者정읍시사

시민의 사랑으로 희망 찾는
샘골의 신문고 정읍시사

* 축시 〈창간 6주년을 축하하며〉

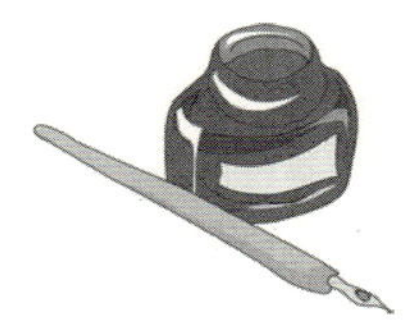

제4부

행복의 셈

행복의 셈
웃음꽃 당신
부부의 찬가讚歌
나만의 향기
나눔의 향기
거울과 나
선악善惡
바보
둥근 사랑
돈공송豚公頌
울고 웃는 길
청개구리의 울음
소나무
산행山行
오색단풍
사랑의 꽃다발

행복의 셈

아침 알리는 새들의 노랫소리
아내의 웃음소리

모임에 나가 일 찾고
친구 만나 웃음꽃
시심詩心 찾아 수놓으며
텃밭 가꾸는 고향 지킴이

꽃 찾는 벌 따라 나비는 춤추며
잠자리 맴 돌고
밤이면 벌레들 노랫소리
나의 발자국 아름다운 추억의 노래
문향文香 피우며 오손도손
가양주家釀酒 마시며 웃고 있는
숲 속의 셈 시심詩心의셈

사랑의 보금자리
행복의 셈

웃음꽃 당신

봄바람 속에 피는 꽃처럼
부드러운 꽃바람 피우는 미소
꽃향기 품어내는 웃음꽃 당신

달콤한 꿀을 안은 향기로운 꽃
사랑을 이야기하는 녹색향기
마음을 안아주는 행복한 사랑꽃
짐승은 꼬리 치며 새는 아름다운 울음으로
인간의 유일한 하하 호호 웃음꽃

당신의 으뜸 화장술은 미소
행복 바이러스를 품어내며
건강 바이러스를 안아주는 웃음
행복은 싱글벙글 웃는 당신입니다.

부부의 찬가讚歌

접목한 감나무처럼
둘이 한 몸 되어 무거운 짐 지고
꿈과 소망 이루게 하며 걸어온 당신.

가정의 달
둘이 하나 되는 부부의 날
이제 하얀 머리 주름 잡힌 당신
아이고 다리야, 허리야, 비 올라나.
나는 사랑의 꽃다발 안아 드리며
눈빛으로 여보 미안해, 사랑해,

추억의 꽃 수놓으며
'부부의 찬가' 당신에 바치리

*2011.5.21 부부의 날 전시

나만의 향기

나무들 .피톤치드 향기 품어내듯
세월 따라 더더욱 진하고 진한 삶의 향기

폭풍과 험한 파도 그리고 산 넘고 산 넘어
선약仙藥처럼 고인 마음 간절한 나만의 향기
아름다운 추억의 발자국 수놓으며
나이 태 많은 노송처럼 행복을 안아주는 엔도르핀 품어내

웃음꽃 피우며 햇빛과 바람에 실려
온 누리에 보내고 싶다.

나눔의 향기

마음에 부는 꽃향기
따뜻한 사랑 나눔은 희망 온도 높이는
행복이란 기적을 낳습니다.

나눔의 미학
쏟아지는 빗속에서 우산이 되어주는 사랑 나눔
겨울 얼음장도 녹이는 온정이 넘치는 참사랑 나눔
훈훈한 사랑 나눔 봉사입니다.

작은 사랑 나누고 큰 사랑 얻는 기쁨
작은 거라고 부끄러워 마라요
작은 것을 통해서 사랑 나눔을 배우게 됩니다.

나눔의 향기 품어내
꿈과 희망의 따뜻한 세상 이루리.

거울과 나

욕실거울
탁상거울
벽거울이 있지만
나는 욕실거울을 좋아한다.

조석 가림 없이 문 열면
나를 보고 웃는 거울
나는 거울 보고 웃는다.

거울은 거짓도 숨김도 없고
지나온 일 기억이나 기록도 없이
사실만을 알리고 인사한다.

면도, 화장 등 곱게 도와
거울 속 내 모습 그리고
웃는 거울 마음 다스려
소망, 참삶, 글에 마음 새긴다.

이젠 하얀 머리 모자 쓰고
나의 도우미
나를 보고 웃는 거울
너는 내 친구

선악善惡

나쁜 사람, 좋은 사람
맹자의 선악설先惡說 순자의 선선설先善說
인성人性은 생명이 품은 개성
사랑을 나누는 생태계의 산물

나쁜 사람이란 부족해서 미숙해서
마음 수련하면 좋은 사람
악마로 보이면 사랑으로 빚어
악이 녹아내리게 할 수 없을까?
나쁜 사람이란 오직 나뿐이라
고집 피우는 나쁜 사람.

바보

석천夕泉은 속이 없는 놈
어느 친구는 말하며 웃는다

김 추기경의 바보
무소유의 법정 스님

자기처럼 생각하지 않는 모든 사람
바보는 속이 편하다
암癌도 기웃거리지 않는다.
바 – 바라볼수록
보 – 보고 싶은 사람
바보 온달溫達처럼 살으리.

사전엔 못나고 어리석은 사람
인도 바보 왕 국제선발대회
가고 싶은 바보

둥근 사랑

나도 부처 너도 부처
불심처럼 둥근 달 되는 한가위

벌초 차례 성묘
햇과일 햇곡식 송편 빚고
달맞이 조상 기리고

추수 감사절 우리 민속
넉넉한 마음 달빛처럼 환하게
서로 사랑 나누는 추석명절

풍성하고 포근한 한가위
귀향길 웃음보따리 안아 오시고
가실 때는 행복과 건강 보따리 짊고 가요

한가위 보름달처럼 환하게
둥근 사랑 온 누리에 뜨게 하소서

돈공송豚公頌

우둔하고 멍청한 놈을
돼지 같은 놈.

나는 상대방을 나무랄 때
욕하고 싶을 때
에이 돼지, 돼지 같은 놈이라 한다.

돼지는 목이 짧기보다 없고 발이 짧아
하늘을 쳐다보지 못하고 넘어져야 하늘을 쳐다보며
달아날 때 앞만 보고 직진만을 고집한다

한눈팔지 않고 우직하게 외길만의 삶
분홍색을 보면 꼬리 흔들고
꿀꿀하고 꽥-소리밖에 모른다.

또래끼리 다정한 돼지 울
누가 끌려나가며 소리 지르면
눈물 흐르는 친구들[(1)]

모두 돼지해 복 돼지꿈을 꾸고
'돼지 같은 놈' 들
이 세상이 되었으면 좋겠다.

註; (1) 양돈농가는 또래를 한울에 키우고 같이 출하한다 한두 마리 끌려 나가면 눈물 지우며 스트레스받아 체중 감량

울고 웃는 길

내가 이 세상에 태어나는 날
나는 혼자 울고 있었다.

조부모님, 부모님, 일곱 누나
나를 보며 미소 짓고 있었다.

이제 임은 모두 가시고
추억을 수놓으며 나는 웃고 있다

이 땅에 아니 온 누리에
나의 아름다운 발자국 그리며
떠나는 길 미소 짓고

모든 사람들이 나를 안고 우는
아쉬운 하얀 국향菊香 길 가고 싶다.

청개구리의 울음

청개구리 울면
“비 오겠다 마당 치워라”
어머님은 장독뚜껑 덮으며
말씀하신 구전口傳

말 안 듣는 아들에게
‘나 죽걸랑 강가에 묻어라’
유언 따라 강가에 묻고
불효의 슬픈 사연 이제 깨어나
부모님 무덤 떠내려 갈까?
저리도 구슬프게 울어 대는 청개구리 .

정원수 잎 그리고 풀잎엔
보호색 초록빛 귀여운 친구
울음주머니 바람 넣고
시야가 넓은 불룩한 눈 나를 아는 듯 깜박인다.

비가 멈췄다 내리니 또 울어 댄다.
불효의 애절한 노랫소리
꽉 꽉 개굴개굴, 개굴개굴.

소나무

남산 위의 저 소나무 철갑을 두른 듯
지조 · 절개 · 충절 · 기상 · 장생 · 민족의 얼 품어
고금을 통해 가장 좋아하는 민족수民族樹

언제나 푸른(常綠)아름다운 여자(麗姿)
달밤에 그려지는 그림자(月影)
솔 향기(松香)바람 소리(風聲) 솔의 오미(五美)
송엽차松葉茶에 취한다.

아들 딸 태어나는 날
새끼줄에 솔가지, 고추, 숯을 새끼줄에 매달아
나쁜 기운 막아 주고 송편 솔기 떡 송화다식
송엽주松葉酒에 기쁨을 나누는 명절

松茂栢悅 松柏之操(1) 사자성어四字成語
겨울이 되어야 솔이 푸른 줄 안다
등 굽은 소나무가 선산도 고향도 지킨다는 속담
가슴에 담아 소나무 마냥 늙자
속리산 정이품 소나무 수령 600년 (천연기념물 103호)
거창 당산리 영송 수령 600년(천연기념물 410호)

나라 슬플 때 울었단다. (한일합방 · 6.25.)

솔은 늙을수록 자태가 멋지다
나이테와 품새가 값을 정하는 명품 소나무
꽃보다 아름다운 노송들
너나없이 소나무처럼 늙을수록 진품
우러러보는 나이테 많은 소나무가 되었으면

註; (1)松茂栢悅 - 소나무가 무성해지니 잣나무가 기뻐한다(친구의 잘됨을 기뻐한다)
松柏之操 - 소나무와 잣나무의 푸르름처럼 변하지 않는 지조

산행山行

산이 있어 내가 있다
생태계를 잉태한 생명의 발원지

오늘도
산의 품에 발자국 수놓으며 오르고 있다
나무들 시원한 피톤치드 온몸에 부어
산림욕山林浴하고 보약 마시고
나는 숲의 향기에 취해
엔도르핀 쏘아 힘내면
야생화는 반기며 웃고 있다

청정계곡 달리는 물소리
내 마음 맑고 밝게 닦아 주는 소리
새우는 소리
나의 행복을 노래하는 소리

산의 품에서 삶을 노래하며
봉우리에 올라
내일의 꽃봉오리를 그리고 있다.

오색단풍

봄바람에
오색단풍들 새싹 움터,

여름 물소리에
푸르른 잎 젊음 뽐내고,

가을바람에
아름다운 노화현상
노랑, 붉음 품어내 물 들이고
잡목들이 주황색 그리고 갈색
소나무 잣나무 상록수들 어우러져
한 폭의 입체화 오색단풍.

가을의 노래
낙엽 지는 소리, 산새 우는소리
이들의 속삭임은 그리움의 노래.
흐르는 물에 떠 비친 단풍잎은
내 늦가을 마음속 단풍그림.

겨울 눈꽃에
예쁜 발자국 그리고 싶다.

사랑의 꽃다발

푸른 하늘
장미꽃 피는 5月
둘이 하나 되는 21일 '부부의 날'

사랑의 메시지
빨간 장미꽃 사랑의 꽃다발 안은
당신의 아름다운 웃음꽃
나는 한 아름 받았습니다.

모두 참고 희생하며
어려움 안고 참으며 풀어준 당신
이 가슴 깊이 묻어둔 고마움
천만번 사랑한다고 말하고 싶지만
싱글 벙글 손만 꼭 잡았습니다.

당신이 있어 내일이 있고
'하하 호호' 웃음소리에
오늘도 나는 행복 합니다.

* 夫婦사랑 詩畫展2010. 5.1~5.30

제5부

광개토대왕 함

광개토대왕 함
바다의 땅 통영
진도珍島
보문사 가는 길普文寺
채석강의 파도
칠선계곡七仙溪谷
미륵암彌勒庵
인각사麟角寺
화계장터
도교 풍경
참당암懺堂庵
뿌리공원
의암사義巖祠
남해 금산 보리암南海錦山菩提庵
황금 복돼지 해

광개토대왕 함

호국보훈의 달 맞아
동해시 앞바다 문향文香 피우는
광개토대왕 함상 시낭송회

호국 영령에게 바치는 추모의 노래
검푸른 파도 안고 가버린 불사신
찬란한 역사 앞에서 머리 숙여
뜻 기리고 마음 다지는 수호신

순국선열의 뜨거운 나라 사랑
다시 6월이면 마음 새이고
대왕의 뜻을 찾아 찬란한 꿈을 품어
파도 헤치고 해군가 물결친다.

우리는 해군이다 바다의 방패
죽어도 또 죽어도 겨레의 나라
바다를 지켜야만 강토가 있고
강토가 있는 곳에 조국이 있다.
우리는 해군이다 바다가 고향
가슴속 끓는 피를 고이 바치자

첨단 과학기술의 함포와 탄
별이 둘 사령관님 설명에 가슴이 흐뭇
광개토대왕의 꿈을 기다린다.

*2008 6.20. 한국농촌문학회원 30명 해군 300여명 참가
광개토대왕 구축함 3,200톤급 1996. 대우조선

바다의 땅 통영

케이블카 곤돌라 타고
미륵산에 올라 바라본 한려수도
한산도, 거제도, 와 ~ 대마도가 보인다.[1]

한산도대첩閑山島大捷
충무공 작전 수군의 학익진鶴翼陣
학이 날개를 펼치듯 왜군을 수몰시킨 해전
한 번의 전투로 적의 한쪽 팔을 잘라버린 전투[2]
개선의 깃발 휘날리는 거북선 마지
팔월이면 사백이십 돌 충무 골 대축제

바다의 땅 통영의 파도소리
우리 수군의 함성, 왜 수병의 울음소리

註; ⑴ 독도가 저의 땅? 옛 우리땅 대마도가 보인다
⑵ 유성룡〈정비록〉에 쓰인 말
* 한산대첩 ; 1592. 음7.8. 왜함정 59척 친몰 9,000여 명 저사

진도珍島

울두목 아름다운 진도대교 지나
이충무공이 대승한 명량 대첩지[(1)]
산마루 자연석을 조각한 거북 위의 전적비
보배스런 진품 진도

바다가 갈라지는 신비의 바닷길
진도아리랑 부르며 모도 찾아
홍주 마시니 진도개가 꼬리 치고
운림산방 찾아 4대가 피워낸 묵향에 취해
발걸음 멈추고 진품 명품 찾아보네.

삼별초의 수난 대몽항쟁의 진도
정유재란 불멸의 이순신
"살고자 하면 죽을 것이요 죽고자 하면 살 것이다"
충무공의 목소리 파도에 실려 오늘도 들려준다.

註 ; (1) 1597.(음)9. 15.새벽 왜적선 330여 척을 12척으로 울두목 조류를 이용 대파 승전한 곳

보문사 가는 길普文寺

두승산斗升山 아홉 봉우리 헤아리며
노적봉露積峰 아래 보문사 가는 길

할메골 계곡 따라 노송 찾아 오르니
승고산성升高山城 서문지西門址
백제인의 마지막 날
망명의 길 눈물의 발걸음 소리
고부만 뱃길로 왜국倭國에 백제 촌 이루고
임진왜란 때는
이순신李舜臣 장군 승전기원 가던 길

보문사 가는 길
온갖 야생화 따라 웃고 가는 길
물소리 바람 소리 산새들 반기며 옛이야기
자연 속에 저져들면 보문사가 보인다

풍경소리 목탁소리 선인봉仙人峰 메아리치며
스님의 독경소리에 해가 저문다.

채석강의 파도

파아란 하늘 밑
하아얗게 일어섰다 부서지는 파도소리
바닷물과 바위가 만난 사랑의 박수소리.

'해식단애' 海蝕斷崖 멋진 자연유산 천 년의 진품
파란 물이 하얀 물결로 침식해
수 만권 책이 쌓인 듯한 자연의 신비
자연이 담긴 기암괴석 천연기념물
해식동굴에 앉아 바라 본 낙조와 저녁노을은
붉은 불덩이가 수평선을 물들이고
지나는 돛단배가 어우러져 아름답다.

이태백이 놀던달, 물 위에 비친달
뱃놀이하며 달 잡으러 간다 하네.[(1)]

註; (1) 전설– 뱃놀이하며 달 잡으려다 빠져 죽었다는 중국의 채석강

칠선계곡七仙溪谷

여름산행 산꾼들
지리산 칠선계곡[(1)] 오르니
산과 시원한 바람 물소리에 녹아
칠선녀 노닐든 계곡 물속에 발을 담근다.

천만년千萬年 물로 연마한 수석 만물상
계곡에 업들인 선녀의 엉덩이처럼
멋지고 아름다운 숲 속의 청정계곡
올해 휴식연대 벗어 자연 원시림
비경 절경 속에 끝이 없는 계곡의 숲길

시원한 물줄기에 군침을 삼키고
숲길 산림욕山林浴에 취해 선녀탕에 들어간다.

註 ; (1) 7 瀑 33 沼潭의 지리산 10 景의 하나, 경남 함양군 마천면 추성리

미륵암彌勒庵

미륵암 산사
두승산성 전설 품은 노송 길
솔 향기 들꽃향기 코를 간지럽게 스쳐 가고

미륵전 추녀 끝 매달린 풍경
솔바람에 실려 땡강~땡강~ 땡강~
낭랑한 스님 독경소리 목탁소리에 연꽃이 피고
바람 소리 풍경소리 모여든 산새들 울음소리
진한 연꽃향기에 취해

미륵불 전에 모여든 중생들은
사파세계 해탈하고자 합장기도 하네.

인각사麟角寺

화산華山자락의 터
기린의 뿔 끝에 있다 하여 인각사[1]
우리 민족정신 모아 삼국유사 쓰신
일연스님 숨결 어린 민족성지
민족 자주사학의 기틀을 마련
나라 사랑을 선양한 역사가, 문학가
'인간사 꿈결인 줄 내 인재 알았노라'
일연시비一然詩碑
'오라 화산기슭 인각사로 오라'
일연찬가一然讚歌[2]

일연 삼국유사 문화축전

721주년 추모 다례제 봉행
겨레의 혼을 되살리는 천 년 고찰 인각사

註 : (1) 군위 인각사지 사적 374호
(2) 고은 시인 시

화개장터

산수유 매화꽃 그리고 벚꽃축제
지리산 섬진강 사이 두고 구례에서 산수유 꽃 안고
바위치고 흐르는 냇물 따라가노라면 광양 매화마을

남도 대교 건너 하동 벚꽃축제
꼬리에 꼬리를 무는 자동차 행렬
전라도와 경상도가 함께하는 정겨운 화개장터
'옥화' 주막 들려 은어, 빙어회, 재첩국에 동동주 한잔
팔도 사람들과 꽃향기에 취해 벚꽃 터널을 걸으며

모두 손잡고 '화개장터' 노래 부르니
쌍계사 목탁소리에 모두 하나가 된다.

도교 풍경

출근길
자전거 전철역 거치장에 보관
전차 안에서 책 읽는 풍경
퇴근길
역사 2층 마트에서 먹거리 사
가득 싣고 운동 삼아 달린다.

아침 산책길
애견 줄잡고 걷는 여인들
손엔 비닐봉지*

어려운 자는 아파트
가진 자는 전원주택
담장은 액세서리처럼 예쁘고
그림 같은 문에 꽃핀화분 매달아
나는 걸음 멈추고 카메라에 담았다

높은 담장 ,남대문 같은 대문 문화
우리도 열린 바람 불었으면...

*1996년 여름방학
*배설물 받기 위해

참당암懺堂庵

울창한 나무숲 터널
계곡 따라 물소리 들으며
거울처럼 맑은 물
발 담그면 머리끝까지 시원
초록색 물이 들것 같다

불심 찾는 길
대참大懺의 신령스러운 기운 서린
참선의 길
바쁜 삶을 잠시 내려놓아 쉼표 찍고
나를 찾는 길이다

흐르는 물소리 독경소리

뿌리공원

한밭 도심 속 자연과 어우러져
천혜의 호수 바라보는 뿌리공원.

성씨별 조각품 자신의 뿌리
충효 정신 주인정신 산 교육장
숭조崇祖의 가슴 품어 자라게 하고
한겨레의 얼 자자손손 길이 빛내
뿌리 사랑, 가족사랑,

효孝 심어주는 테마 공원.

*2008 孝 문화뿌리축제

의암사義巖祠

충절의 고장 장수
휘광문揮光門
숭앙문崇仰門
의암사 주논개朱論介
영정 앞에 손 모아 모이는
숭고한 애국정신 기리는 추모

진주 남강 촉석루 의암
왜장 껴안고 의롭게 죽어
광명한 정의에 무궁화 꽃을 피웠습니다.

남해 금산 보리암南海錦山菩提庵

금산은 백두대간 끝자락
물꽃 피우고 바다에 잠기는 파도소리
좌우룡左右龍이 품어 오르며 절경 이룬 기암괴석
대담한 남성의 기氣 한폭의 풍경화
내금강 해금강 절경 모아 진품 이룬 금산

보리암 찾으니
자비의 화신으로 중생을 구제하는 관음신앙의 성지
설화說話안은 3층 석탑, 해수관음상과 선경仙境
관세음보살~ 관세음보살 ~
목탁소리에 바닷물결 이루고
불자들의 합장 기도에 해가 저문다.

나는 금산 그리고
앞에 열린 다도해의 절경에 취해
시심詩心에 저져 웃노라니
사진작가 셔터 누르고 손 흔든다.

황금 복돼지 해

돈공송豚公頌 불러 '수필' 등단文藝研究新人文學賞
이듬 해 '시' 신인 문학상한올文學
다음 해 제3회 한국농촌문학상詩最優秀賞

정해년丁亥年 황금돼지 해 희수喜壽 맞이
봄날 서포(김만중)西浦金萬重 문학상
여름엔 한 · 중 수교 15주년 맞아
중국에가 영예증서榮譽證書(감사장) 받고
가을 제4대 한국농촌문학회장에 선임
정읍시민의 날 시민 의장 문화장 수상
'늦가을 마음속 단풍그림' 시집 펴내
동짓날 출판기념회를 열었다.

문우文友 지우知友 제자 친인척 모여들어
축사 시낭송, 축하연은 희수喜壽 큰 잔치
화환과 화분 그리고 꽃다발
봄가을 없이 안겨주어 꽃향기 속에서
황금 복돼지를 안고 바쁜 한해 행복했다.

제6부

금메달의 눈물

금메달의 눈물
김연아 꽃
하면 할수록 배고프다
눈물의 다완(茶盌 · 차 사발)
희망 전도사
동심童心
명성황후明成皇后
큰 별의 선종善終
극락왕생極樂往生
–삼가 고인의 명복을 빌며 영전에
왕자 태실
일백 번 꽃이 피네
새해 토끼
만다라曼陀羅
뒷간 · 칙간廁間
내장산 단풍길
내 나이 사랑

금메달의 눈물

베이징을 수놓은 금메달의 향연
영상으로 보는 눈물의 금메달

금메달을 향한 최선의 열기가 움터
땀방울과 눈물이 녹아내려 꽃피우고
황금빛 열매를 안고 희한의 몸부림
슬픔이 폭발하고 기쁨이 흐르는
금메달의 눈물

멋진 축하 봇물이 넘친 꽃다발에
목소리가 묻힌 행복한 눈물

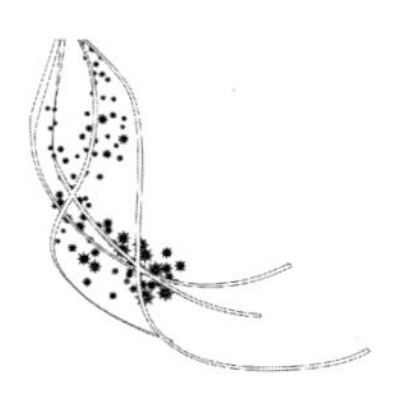

김연아 꽃

밴쿠버에 핀 꽃
싱글 황금 꽃 김연아 꽃
한 마리의 새처럼
S라인을 맴돌고
공기 위를 나는 우아한 꽃

환하고 밝은 미소
빙상장을 녹이듯
온 세계가 놀라
열광적 환호와 박수 소리
역사를 다시 쓰는
한국의 효자 세계인의 여왕

스케이팅 원더풀 코리아

하면 할수록 배고프다

한일 월드컵 4강 신화를 나은 거스 히딩크 감독
유로 2008. 러시아를 4강으로

꿈의 전도사
당신은 축구 리드십의 마법사
아니 천사
그는 말한다
"나는 마법사가 아니라 열심히 최선을 다하는 결과일 뿐"
지도자의 리더십은 판단력과 열정, 그리고 작전
선수들의 체력과 정신이 꽃핀 열매

그는 이 땅 찾아
어린 장애인에 베푸는 즐거움 품고
충주 성심 맹아원 히딩크 드림 필드 1호
포항시 한동대 드림 필드 2호 준공식에 참석
팔도에 모두 만들고 싶다고
어린 시각장애인과 손잡고 소리 나는 공차는 히딩크
그는 사랑의 천사였다
"봉사도 하면 할수록 배고프다"고

이기는 괴력 기적의 힘 그리고 붉은 악마의 힘
성난 촛불 잠재우는 진실
체력 아닌 사랑과 소통하는 힘
리더십의 진실 자비慈悲 박애博愛

눈물의 다완(茶盌 · 차 사발)

임진왜란
왜구倭寇들에 납치되어
한恨 품어 망향시望鄕詩 쓴 찻사발(1)
반세기半世紀 만에 일본서 귀향

“개가 멀리서
울부짖는 소리가
들려온다
그리운 고향으로
돌아가고 싶다.“

내 나라 내 고향
그리움이 담긴 애절한 시
우리 도공 끌고 가
도자기陶瓷器 기술 전수
백제 촌이어 조선 촌 이루고
세계적 도예 명가 이루어
선조의 조국 땅 밟은 후손들
무궁화가 부끄럽다.

역사를 괴롭힌 죄인들
이제 독도獨島가 자기 땅
부끄러움 품어 봤으면

註; (1) 추철회시문다완萩鐵繪詩文茶盌 하기 지방에서 만들어진 철분 섞인 물감으로 한글로 시문을 새긴 찻사발

희망 전도사

'팔도 없고 다리도 없고 불가능도 없다'
KBS 아침마당[(1)]
눈물과 감동으로 희망을 안겨준
호주 출신 닉부이치치
4지가 없는 기형아
우리 욕 말을 부끄럽게 하는 '싸가지 없다'
그는 수영도 골프도 발가락 하나로 컴퓨터 워드도
그는 따뜻한 포옹도
뜨거운 가슴과 어깨와 턱으로 얼굴 이쪽저쪽으로

온 누리에서 감도의 박수
우리나라 두 번 초청
많은 깨닮과 희망을 주는 전도사.

註; 2010. 10. 19. 8:25 KBS 아침마당 통역 곽수광 목사

동심童心

처음처럼 때 묻지 않은 동심,
진심, 열심을 담아 사랑으로 자란다.

사람은 영원한 동심으로 살아가는 것
인간의 위기는 동심을 잃어버린 변심
동심은 사랑처럼 늘 가꾸어야 하는 초심
피카소는 동심 가꾸는 데 40년이 걸렸단다.

사람은 동심을 가꾸는 디자이너
행복 바이러스는 순수한 동심
환경에 오염되지 않는 사랑의 에끼스로 다스려
하늘만큼 땅만큼 가슴에 안고 자라

동심이 꽃피운 사랑의 열매
행복의 씨알은 동심

명성황후明成皇后

조선 고종의 비妃
여주 생가 찾아 부끄러운 역사 그려보네.

청 · 일 · 러淸日露외세 끌어 드려 힘 겨루고
외국인이 세계역사에 없는
국치의 시해 서러움 부끄러워
또 한 번 땅을 친다.

“나는 국모다
비록 타오르고 타올라 그저 한 줌의 재로
바람을 타고 빗물에 쓸려 떠돌지라도
이것이 내 마지막이라 하겠는가?”
죄 후의 충단편일忠丹片一

백 년이 아니라 천 년이라도
절대 잊지 말자, 일본의 만행
힘없는 약소국가 서러움 이뿐인가
정신대를 비롯한 괴롭핀 역사 앞에
사과 요구하는 국민운동
오천만은 말한다.

큰 별의 선종善終

수호의 천사 큰 별 선종하시다.

성당 안에서만 머물지 않고 고통 받고
가난한 이웃들과 함께하는 삶을 실천해온
사회의 정신적 지주 김수환 추기경
애도의 물결 사십만 전국 추도 미사 이백만

낙타처럼 너희와 모든 이를 위하여 짐을 지고
바보처럼 웃고 웃으며 머리에서 가슴으로 내린 사랑
'바보정신 이어가기 운동' 바이러스처럼 번지고
각막 기증 바람 일으키고 베푸는 사랑
내일의 인간 삶을 변화시키고 있다.

고종명考終命[(1)]큰 별의 선종
임의 명복을 기도합니다.

註(1)고종명;유교에서 선종;천주교에서 타계함을 말함

극락왕생極樂往生
-삼가 고인의 명복을 빌며 영전에

셋만 있어도 노래 부르는 공학박사 이시웅 교수[(1)]
누구도 따를 수 없는 다섯 가지 예술발표회
건축. 성악. 미술. 문학(수필). 사진.[(2)]
이제 건강을 위해 보디빌딩 사나이가 되겠다고.

만나면 따뜻하고 용기와 자신감 품어주는 삶의 달인
나의 글(월간 '문예연구' 수필)을 읽고 나를 찾은 인연
아우처럼 애인처럼 술잔 들고 형을 부르던 당신
두 해 두 달 전 서울대 병원 죽음을 각오하는 판정
내 손 잡고 "삶의 영혼에 아름다운 발자국을 남기고
열과 성의를 다해 삶의 꽃향기가 되고 싶다"고
손 모아 당신의 쾌유를 빌었습니다.

'내 나이사랑' 작곡했다고 전화로 노래 부르던 당신[(3)]
농촌사랑, 자연사랑. 퇴직 후 전원 생활하면서
시월의 '마지막 밤愛 작은 음악회' 노래 부르고 가버
린 당신
시신은 의대 실험학습에 헌신하고 영혼만 떠난 당신
왜 암을 정복하지 못하고 가셨습니까?[(4)]

삼가 영전에 엎드려 극락왕생 명복을 빕니다.

註; (1) 李時雄교수. 논산 강경 출신.(1944-2010.4.4.) 공주교육대. 한양공대 건축공학과 졸. 홍익대학원 건축미술학 석사. 한양대 공학박사. 내일리노이 주립대 교환교수. 한밭대학교 산업대학원장 제2회 한국농촌문학상 제2대 한국농촌문학회장

(2) 2008.9.17. 대전 시민회관에서 1.건축작품전 2.미술개인전 3.사진전 4.음악회 5.수필집 출판기념회

(3) 나의 시집 '늦가을 마음속 단풍그림' 내 나이사랑 시

(4) 2009. 2. 22. 폐암 4기 발견. 시신은 장남 모교 원광대학교 의대에 기증

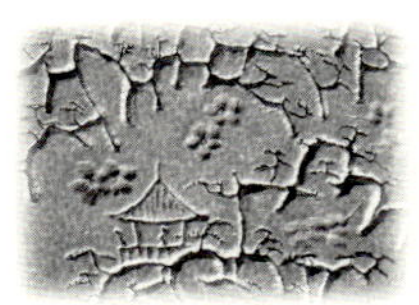

왕자 태실

성주 선석산 아래 태봉
세종대왕 열일곱 왕자의 태실(1)
여기에
세조 왕위 찬탈에 반대한 다섯 왕자의 파괴된 태실 석물
당시의 역사적 사건을 말해 주는 살아 있는 문화유적
왕실의 풍속
왕자나 공주의 출산 시 장태의식
왕실 의태는 국운과 관계가 있다 하여 소중히 보관

태는 생명력을 부여한 생명의 젖줄
태반을 물과 항온주(술)로 씻은 후 태 항아리에 안치
왕자태 태봉 출정 하는 의식

성주 생명사랑 아이 사랑
세종대왕왕자태실 재연행사 궁중태 봉안식

註 (1) 국가사적 제444호
세종대왕; 즉위1418.8~1450 53세 졸
18남 4녀 장자 문종제외 대신 단종이 원손으로 18태실

일백 번 꽃이 피네

제폭구민 보국안민
동학혁명 불을 지핀
후손들 손을 높이 들고

여명의 종소리에 모여든
함성소리
어언 백돌 넘어
일백 회 졸업

일만 오천칠백 송이
고사 부리 자라난 무궁화 꽃
일백 번 꽃이 피네
꽃이 피네

*2011.고부초등학교 100회 졸업 축시

새해 토끼

해야 솟아라.
호랑이는 가라.

갈등 대립, 으르렁대던 호랑이,
용궁에 다녀온 지혜로운 토끼를 보면
착하고 순진한 꾀보,
달나라 계수나무 아래서 방아 찧는 토끼,
새해 따스한 소통, 화합의 햇살 안고 오면
웃음꽃이 피리라.

신묘년 2011
슬기롭고 풍요로운 새해 새 희망

*정읍시사 신문 신년 축시

만다라曼陀羅

생로병사의 비밀은
행복한 삶 위해 마음 비우며 살자

마음을 닦아 영원한 순리의 삶을
그럼 참된 마음이 울어나
마음도 건강 몸도 건강
행복지수가 높아져 만다라 꽃이 핀다

무심 무념無心無念
속없는 바보처럼
만다라 만다라

뒷간 · 칙간厠間

안채 바라보는 사랑채, 서채, 동채,
돼지우리와 잿간 뒷간은 떨어져 있어
속담에 '뒷간과 처갓집은 멀수록 좋다'
이제 '화장실과 처갓집은 가까울수록 좋은가(?)

뒤 보러 가는 뒷간
영남에선 통소, 사찰에선 해우소解憂所[(1)]
한문화漢文化 따라 칙간 · 칙소 · 칙실 · 칙청[(2)]
왜 문화倭文化 상륙 후 소변 대변보는 변소便所
해방 후 서구문화西歐文化 바람 화장실化粧室
인간 생리적 배설물 똥, 오줌 처리하는 곳
칙귀厠鬼 칙신厠神 잘못 모시면 잡아간다는 속설
쪼그리고 힘써 고혈압귀신이 아닌가(?)

이제 수세식 좌변기 화장 뿐 아니라
나는 목욕하며 뒤돌아본다
우리말 자존심 찾아 공식 명칭 "뒷간"이라 부르고 싶다.

註; (1)통소- 변을 보면 큰 항아리에 통통 떨어지는 소리 나는 곳
解憂所-근심 푸는 곳
(2)廁間 · 廁所 · 廁室 · 廁廳 현제 중국에 칙간을 제하고 모두 쓰고 있음

내장산 단풍길

비단에 수놓은 듯한
만산홍엽에 취해
단풍길 걸으며 마음도 물든다.

새소리 물소리 목탁소리
부처님 가시던 길 찾아가는 길
내장사 풍경소리에 붉고 붉은 아기단풍.
오색 옷 곱게 입은 내장산 오색단풍
모여든 길손과 단풍이 어우러져
아침햇살에 안겨 아름다운 그림 한 폭
계곡 따라 오르면 거울처럼 맑은 물
물위의 단풍잎 바라보며 손 담그면
금방 빨간 물 들것 같다.

가을바람 들꽃 향기 단풍미인[(1)]
단이(丹)와 풍이(楓)이가 웃음꽃 피워
타오르는 뜨거운 가슴 품어 행복을 안아주는 단풍길.
내장산 단풍길

註 ; (1)단풍미인 정읍 농축산물 브렌드
*〈한일합동시집〉175P. 제6회 韓日詩의 祝祭 시 낭송과 시화전
(2010.7.26.서울 광진 정보도서관)
주최; 한국문학진흥제단. 일한시인문학교류협회

内蔵山 モミジの道

絹に刺繍したように
満山紅葉に酔い
モミジの道 歩き 心も染まる

鳥の声 水の音 木魚の音
仏様 行かれた道 求める道
内蔵寺の風鈴の音に 赤い赤い モミジの子
五色の衣 美しく着た内蔵山 見たくて
集まった旅人とモミジが交わり
朝の日差しに抱かれ美しい絵 一幅
渓谷に沿って上ると 鏡のように 澄んだ水
水の上のモミジの葉 見つめ手をひたすと
すぐ赤く染まりそう

秋の風 野花の香りに酔い
丹と楓が座ってささやくと
燃え上がる熱いわが胸 伝える 五色丹楓
追憶をこめ歩く モミジの道
内蔵山 モミジの道

내 나이 사랑

은 희 태 작사
이 시 웅 작곡

(1)
나는 내 나이를 사랑한다
팔순(오랜) 세월 추억을 가슴에 안고
오늘도 바쁜 하루
아침엔 텃밭 낮엔 문화 지킴이
아~
밤엔 글을 쓰고
꿈나라 속에서도 내일을 그려본다.
(2)
나는 내 나이를 사랑한다
나이를 묻는 사람에게
호적 나이 건강나이
세월의 흐름은 숫자일 뿐 바쁨은 건강
아~
일과 사랑으로 살아가는
나는 내 나이가 자랑스럽다
(3)
나는 내 나이를 사랑한다
더욱더 알고 싶어 책을 읽으며
글을 많이 쓰고 싶고

바쁘면서도 기다려지는 내일
아~
최선을 다하는 오늘
나는 마음 비우고 사랑, 사랑
(4)
나는 내 나이를 사랑한다
벗에게 메일로 안부 그리고 시
인터넷 검색을 하며
신문보고 뉴스 들으며 내일을 꿈꾼다.
아~
문자 메시지 받은 손자
우리 할아버지 최고야 최고
(5)
나는 내 나이를 사랑한다
어제는 애향모임 오늘은 장학모임
황혼 길에서 신 나게 사는 사람
늦가을 아름다운 단풍잎처럼
아~
서산에 지는 노을처럼
나는 남은 인생을 수놓고 싶다.

Score

내 나이 사랑

은희테 작사
이시웅 작곡

| 평 설 |

자연의 울음소리와 농촌풍속도

丘 仁 煥 (서울대 명예교수 문학과문학교육연구소 소장)

| 평 설 |

자연의 울음소리와 농촌풍속도

丘 仁 煥 (서울대 명예교수 문학과 문학교육연구소 소장)

1.

여름이 짙어간다. 삼복더위를 바라보며 작열하는 하서(夏暑)가 눈앞에서 너울댄다. 산과 들이 푸르름으로 뒤덮여 녹색 향기가 그윽하다. 파랗게 자라는 들판의 푸르름이 두견새 우는 산촌의 야산에 비추어 청록의 향연을 이룬다. 이럴 때에 한 권의 시집을 들고 그 수향(樹香))이 그윽한 소나무 밑에서 푸른 하늘을 바라보며 시 한 수를 읽으면서 계절의 향기에 젖어 본다. 그 향기에 오늘의 삶과 내일의 꿈을 꾸면서 떠오르는 시구에 가슴이 울려 내일의 꿈을 다듬어 본다.

시를 쓴다는 것은 고마운 일이다. 불확실한 세상에 하루하루 살아가기도 힘 드는데 시를 쓰고 더구나 시집을 낸다는 것은 축복된 일이다. 그 축복을 누리면서 시의 세계에서 삶의 의미를 부여하고 미적 예술을 창조하는 것이 누구나 하는 일은 아니다. 시는 미의 운율적 창조요 상상과 감정을 통한 인생의 해

석이요 언어적 표현이다. 또한 시는 율격에 의한 리듬과 상상에 의한 현상의 구상화, 감정에 의한 서정성의 농도, 해석에 의한 사상성의 심화에 의한 언어예술의 꽃이다. 소설이나 수필 등 같은 언어예술이지만, 시는 운율적 표현이다. 소월의 〈산유화〉의 유연한 율격, 김관균의 〈추일서정〉의 회화적인 이미지, 정지용의 〈향수〉와 같은 고유한 풍속의 전통, 서정주의 〈국화꽃〉과 같은 사랑의 응축, 천상병의 〈귀천〉의 죽음의 승화, 박남수의 〈종소리〉의 공감각적(共感覺的)인 표현이 다 시적 언어의 조탁(彫琢)으로 이루어진 언어예술의 명작들이다. 흔히 시의 요소로 리듬과 이미지 메타포를 들지만, 이 모든 요소는 언어적 조소(彫塑)에 의해 자기만의 시적 공간을 구축해 간다. 은희태 시인의 시집 〈자연의 울음소리〉가 바로 이 시의 언어예술의 꽃이다.

2.

세상은 고마운 시간의 흐름이다. 세상이 급변하고 혼란하다고 해도 이 세상에 사는 것은 고마운 일이다. 때로는 어려운 일도 있고 불확실한 세상을 살기가 힘 든다고 해도 세계에 약진하는 한국에 태어나고, 봄 여름 가을 겨울 사계(四季)가 분명한 살기 좋은 이 나라에서 오늘을 산다는 것은 더욱 고마운 일이다. 더구나 문학을 하고 시를 쓸 수 있다는 것은 그 무엇과도 바꿀 수 없는 경사스러운 일이다. 은희태 시인의 시집 〈자연의 울음소리〉가 바로 그 삶의 한 집성으로 각박한 농촌을 이해하고 그 자연의 소리와 삶의 풍속을 그린 시집이다. 이 시집은 1부 〈자연의 숨소리〉 외 16수, 제2부 〈자연의 울음소리〉외 17수 제3부 〈내 고향의 봄〉 외 16수, 제4부 〈행복의 샘〉 외16수, 제5부 〈광개토 대왕 함〉외 15수, 제6부 〈금메달의 눈물〉 외15수 도합 95수가 수록된 시의 대삼림(大森林)이다. 그 시의 수풀을 고즈넉이 소요하면서 그 시향에 취해본다.

> 먼동이 트면 새가 운다.
> 일어나 모이 달라고
>
> 들 고양이 울고 있다
> 이제 잡을 쥐도 없고 배고프다가
>
> 허수아비 세우고 줄 당기며
> 새 쫓는 우여-소리 줄 당기며
> 초가집 둥지 잃은 노숙자 참새들
> 짹짹 밤이 두려워 울고 운다.
>
> 녹향 그리운 생태계 울음소리
> 자연의 울음소리
>
> 〈자연의 울음소리〉

여명은 언제나 경건하다. 동이 훤하게 떠오를 때 참새들이 짹짹 울면서 하루의 시작을 알린다. 소나무 향기 그윽하고 연

못의 연꽃 향기가 번지어 하루의 문을 연다. 여명에 공원을 산책하는 발길에 부딪치는 조약돌이 발길을 가볍게 한다. 자연 속에 끌리면서 하루의 첫발을 내딛는다. '아침에 우는 새는 배가 고파서 울고요 저녁에 우는 새는 임이 그리워 운다' 라는 제주 민요와 같이 동심의 여명을 연다. 이런 동심은 여명의 청량한 바람으로 자연의 향연을 펼친다. 〈여자의 일생〉으로 유명한 모파상은 '자연으로 돌아가라' 라고 혼탁한 사회를 떠나 순수한 자연에 귀의하여 자연 그대로 살아가자고 했는데, 이 〈자연의 울음〉도 녹향(綠香)이 그리운 자연의 숨소리에 몰입하려는 시의(詩意)를 나타내고 있다.

추억의 사랑방
안채에서 내려다보는 사랑채
정이 흐르는 선비의 만남의 장
또한 선친의 일상 거실이었다.

책 읽는 소리 이야기 소리
여봐라 부르는 할아버지 목소리
서당이 마을의 사랑방이었다.

대문 여는 소리 사랑방 기침 소리
옛날은 추어 속으로 사라지고
이젠 여름은 모정 겨울에는 경로당
스피커의 부름 소리에 모이는 마을회관
노인들이 만나 쉬어가는 마을 사랑방

출향인사 그리고 아들딸이 보내준
술잔에 취해 딸 자랑하는 웃음소리
이야기 소리

– 〈사랑방〉

안채에서 내려다보는 사랑방, 선친의 거실이며 마을 어른들이 모여 회포를 풀고 시가를 짓고 부르는 정겨운 주거 공간, 책을 읽는 소리와 여봐라 라고 부르는 할아버지의 정겨운 목소리, 옛날 얘기가 추억 소리로 살아지고, 여름에는 모정 겨울에는 경로당을 벗하여 따스한 인정이 흐르는 곳, 출향 인사와 아들 딸 들이 보내준 술잔 '아저씨 한 잔 드세요' '자네들도 들개나' 노소가 어울려 정과 웃음을 나누는 사랑방이 농촌 풍속도의 표상을 이루고 있다. 그 애뜻한 정과 사람들은 다 어디 가고 스피카로 소식을 전하는 격변한 농촌이 되어 있는가. 마을회관이 그 정을 나누고 술 한잔에 흥을 같이 하기가 쉽지 않은 격변된 농촌의 풍경을 만들고 있는가. 이관수의 장편 〈흙〉의 살여울이나 이기영의 〈고향〉의 원터골의 사랑방이 아쉽고 그리움을 더한다.

봄만 알리고 살아지는 개나리나 벚꽃보다
꽃은 모르지만 가을 하늘 수놓는 감나무
주렁주렁 열은 포도송이를 나는 사랑한다.

과수원의 사과, 배, 귤
전원의 남천, 호랑이 가시나무

열매 맺어 자랑하는 나무들은
꽃보다 아름다운 풍경화
나 그리고 새들의 먹이사슬
보면 볼수록 웃음이 열리고
취하고 취해 침이 고이 넘어간다.

꽃은 벌과 나비를 유혹하지만
열매가 아름다운 식물들은 새나 짐승의 먹이로
씨를 멀리 옮기는 번식을 자랑한다.
꽃은 나를 기쁘게 하지만
열매는 기쁨도 주고 마음을 다스리며 힘을 준다.

– 〈꽃과 열매〉

꽃이 피면 열매가 열고 열매가 열면 새나 사람의 먹이가 된다. 꽃이 없는 열매가 없고 열매 없는 꽃이 드므니 꽃과 열매는 시작과 끝이다. 〈춘향전〉에서 춘향이가 이도령에게 수줍게 말한 '기러기는 바다를 따르고 나비는 꽃을 따른다(雁隨海 蝶水花)' 라는 말과 아름다운 꽃에는 벌이 따르고 아름다운 여인에게는 선량이 따라 사랑이라는 열매를 만든다. 꽃은 벌과 나비를 유혹하지만 열매는 새나 짐승의 먹이가 되는 비운을 지니게 되니 꽃과 열매는 성숙과 사랑의 시작이요 끝이 된다. 나비는 꽃의 유혹에 빠져 저만치 피어 있는 산유화의 고독을 씹고 자연과 인간을 맺어 주는 사랑 끈이 되기도 한다. 꽃은 나에게 기쁨을 주기도 하고 열매는 마음을 다스리며 힘을 주는 자연의 이치를 피운다.

산수유 매화꽃 그리고 벚꽃 축제
지리산 섬진강 사이 두고 구례에서 산수유 꽃 안고
바위치고 흐르는 냇물 따라가노라면 광양 매화 마을

남도 대교 건너 하동 벚꽃 축제
꼬리에 꼬리를 무는 자동차 행렬
전라도 경상도가 함께 하는 정겨운 화계장터
'옥화' 주막 들려 은어, 빙어회 제첩국에 동동주 한잔
팔도 사람들과 꽃향기에 취해 벚꽃 터널을 걸으며

모두 손잡고 '화개장터' 노래 부르니
쌍계사 목탁소리에 모두 하나가 된다.
– 〈화개장터〉

산 좋고 물 좋은 삼천리강산, 이 강산에 꽃이 피고 새 울며 사람들이 바삐 살아가는 삶의 터전에 사람들이 몰려오고 주막의 노래 소리가 퍼지는 화개장터! 산수유, 매화꽃, 벚꽃 축제가 지리산 섬진강 사이에 두고 구례의 산수유의 꽃, 바위치고 흐르는 냇물의 매화 화향에 팔도강산에서 모여드는 화개 장터, 전라도와 경상도가 하나가 되어 있는 화개장터의 정겨운 정경(情景)이 옥화 주막에 들려 박주 한잔하면서 서로 회포를 푸는 이 장터에 넘실대는 정, 노랫소리가 흐르는 물에 어울려 한 폭

의 그림을 이룬다. 몇천이 되는 이 강산의 장터가 화개장터의 정이 넘치는 웃음과 회포의 정으로 넘치니, 이 강산 좋을시고 쌍계사 목탁 소리에 어울려 한 가닥 노래를 불러 광양에 펼치는 삶의 흥겨움이 흘러넘친다.

해, 물. 바람, 자연을 이용한 바이오 에너지
가축 배설물 톱밥 발효한 유기질 비료
토양 미생물 배양 지렁이가 옥토를 이루며 항균
아기 우렁 뿌리고 오리가 김 매는 기능성 친 환경 농촌

신재생 에너지 신기능 농업
바이오 에너지로 지구 온난화 방지
고유가 온실가스 감축 지열 펌프 하우스
폐기물 화력, 태양열, 태양광 풍력발전.
산골은 수력 해변은 조력풍력(潮力 風力)
농작물 저비용 냉난방 시스템

두뇌 발달 기능성 쌀
산모 태아 위한 현미 햅쌀
환경오염 없는 친환경 농촌
녹색 향기 품어 내는 내 나라 먹거리.

철새 찾아오는 눌제(訥堤)들
황금들 이루는 새 농촌 이루리.

〈새 농촌〉

세상은 쉬지 않고 변한다. 더구나 옛날보다 현대에 와서는 정신 차릴 수 없게 변한다. 십 년이면 강산도 변한다라는 말은 옛말이 되어버렸다. 눈을 뜨면 다르게 세상은 급변하여 정신을 차릴 수가 없다. 농업국이 농경사회가 되었다가 지금은 산업 정보 사회가 되고 있으니 그 어디에 발을 붙일지 모른다. 새마을 운동으로 농경사회에서 이제는 정보사회니 세계 9위의 경제 대국이 되는 단군 이래 기적을 이루고 있다. 우리가 꿈꾸던 심훈의 〈상록수〉의 청석골이나 이광수의 〈흙〉의 살여울, 이기영의 〈고향〉의 원터골을 꿈꾸며, 우리도 한번 잘 살아 보세의 새마을 운동이 꽃을 피워 농업을 넘어 산업과 정보 사회를 이루어 오늘의 번영을 이루고 있다. 하지만 농촌만이 낙후될 수는 없다. 농기구의 발달로 어쩌면 편하게 농사를 자을 수 있는 농촌이 되고 있다. 그 변화된 새 농촌의 풍속도를 미소 띠며 찬사를 하고 있다.

아침을 알리는 새들의 노랫소리
아내의 웃음소리

모임에 나가 일 찾고
친구 만나 웃음꽃
시심(詩心) 찾아 수놓으며
텃밭 가꾸는 고향 지킴이

꽃 찾는 벌 따라 나비 춤추며

잠자리 맴 돌고
밤이면 벌레들 노랫소리 나의 발자국 아름다운 추억의 노래
문향(文香) 피우며 오손도손
가양주(家釀酒) 마시며 웃고 있는 숲 속의 샘 시심(詩心)의 샘

사랑의 보금자리
행복의 샘

– 〈행복의 삶〉

인간은 행복의 추구자다. 〈파우스트〉로 유명한 괴테의 말대로 인간은 행복을 누리기 위해 이 가파른 세상을 살아간다. 그 무엇을 위하여 이 세상을 살아가는가, 그 행복은 어디에서 어떻게 찾아가는가. 메에테링크의 〈파랑새〉와 같이 행복을 찾아 헤매다가 집안에서 찾을 수 있고, 김동인의 〈무지개〉와 같이 저산 넘어 무지개를 찾아갈 수도 있다. 문제는 갑의 행복이 을의 행복이 병의 행복이 될 수 없는데 행복의 추구가 쉽지 않다. 새들이 노래하고 아내의 웃음소리, 꽃을 따라 나비가 춤추고 밤이면 벌레들 노랫소리가 우짖는 농촌, 문향 피우며 가양주에 시심의 샘이 솟는 데가 어찌 행복한 풍속도가 아니겠는가. 행복은 찌루루 미찌루의 방황에서와같이 나의 곁에 있는 것이다. 행복은 크고 멀리 있는 것이 아니고 곁에 있고 작은 데 있다.

이 작은 행복을 느낄 수 없는 사람은 행복을 추구하기가 어렵다. 작은 행복을 느껴야 농촌 팜토피아(farm topia)가 이룰

수 있다.

3.

농촌은 우리의 고향이요 삶의 뿌리다. 아무리 산업사회를 넘어 정보사회라고 해도 쌀을 주식으로 하는 한 농촌은 우리 삶의 근저가 되고 향수의 원조가 된다. 세상은 전통적 가치나 풍속이 급변하여 옛 삶의 덕목이 흔들리고 있지만, 옛 삶의 정이 산일(散逸)되고 가족을 중심으로 하는 삶의 전통이 무너지고 있다고 해도 농촌은 여전히 우리의 고향이요 뿌리이다. 현대사회에서 우리 농촌을 시대상황이라고 경시하거나 소외하면 뿌리를 버리는 것이요 한국인의 왜소화의 우를 버리는 것이다.

농촌이 노령화하고 어렵다고 해도 도시에서 눈이 아프게 불확실한 삶을 누리는 현실에서 농촌을 정시하고 부응 운동을 전개해야 할 단계에 이르고 있다. 은희태 시인의 시집 〈자연의 숨소리 울음소리〉가 바로 이 농촌 풍속도를 정시하고 그 삶의 새로운 지향을 예시하는 새로운 농촌의 이해와 지표가 율조화(律調和)되고 있다. 그 역작에 박수를 보내면서 이 시집이 장안의 지가(紙價)를 올리는 농촌의 새로운 지표를 이루기를 기대한다.

자연의 울음소리

초판 인쇄 2011년 7월 25일
초판 발행 2011년 8월 1일

지은이 은희태
펴낸이 양상구
웹디자인 김태완
펴낸곳 도서출판 **채운재**
주소 100-861 서울시 중구 충무로2가 49-8
(서울빌딩 202호)
전화 02-704-3301
팩스 02-2268-3910
핸드폰 010-5466-3911
이메일 ysg8527@naver.com
정가 10,000원